艺术杰作

——世界博物馆

伟大的
博物馆

MUSEO DEL BARGELLO, Firenze

佛罗伦萨
巴尔杰洛博物馆

〔意大利〕伊波利塔·帕西利 主编
彭 倩 译

江苏凤凰文艺出版社
JIANGSU PHOENIX LITERATURE AND ART PUBLISHING

目　录

前　言

佛罗伦萨巴尔杰洛博物馆

主要馆藏

传　记

前　言

佛罗伦萨的巅峰时代毫无疑问是文艺复兴以及美第奇家族统治时期，然而现代读者也有必要知晓这座城市在其他岁月所历经的更迭。尽管佛罗伦萨很好地延续着古老的传统，但它也经历了深刻的城市化发展，19 世纪的改造是其中最浓重的篇章。在近 80 年的时间里，佛罗伦萨面目一新，逐渐实现国际化与现代化，城市被重新规划和设计。而推动这些建筑演变的原因显然是一段与整个意大利半岛都息息相关的历史，我们有必要进一步阐释此时期佛罗伦萨所经历的变革。

直至 19 世纪上半叶，意大利仍处于一种所谓的“邦联同盟”状态，多个大区的小国各自为政，其命运紧密相连。意大利长期被邻国入侵，不同的政权在此争夺宝贵的商贸资源。在浪漫主义初期，意大利的政治地理版图错综复杂：北部直接被奥匈帝国所统治。弱小的附属国萨伏依王朝挺身而出，捍卫国家身份；以托斯卡纳为代表的中部地区或置于帝国统治下，或受制于教会；教皇国作为神圣的守护者，以高昂的代价保持着自己对法国领主的控制；西西里与那不勒斯的波旁王朝（于 1816 年合并为两西西里王国）也沦为法国与奥地利的附庸。

19 世纪民族主义精神风靡整个欧洲，受此影响，意大利也通过各种起义、独立战争、军事革命活动和外交手腕等方式，最终摆脱了多个外国统治者的控制，形成了统一的国家集体身份。1861 年 3 月 17 日，意大利获得独立，时任萨伏依王朝国王的维托里奥·埃马努埃莱二世“在上帝恩典与国家意愿之下”被拥戴为意大利国王。正如意大利杰出的艺术家与政治家马西莫·达泽利奥（1798—1886）所说：“意大利已建成，如今需要打造意大利人了。”新国家百废待兴，混乱的历史亟待清算，古老小国之间的纷争仍须处理，亟待强烈的爱国主义精神作为支撑，但这一切绝非易事，最早进行的政治宣传便是定都，其首选就是罗马，正如第一任首相卡米洛·奔索·迪·加富尔伯爵在 1861 年 3 月 25 日的议会演讲中所说：“罗马的重要性远远超出了它的领土，这是唯一一座注定应成为我们伟大国家首都的城市，这是整个国家都认可与宣告的决定。”但这一宣言无法被实现，因为当时拉齐奥大区与大区首府仍未被并入意大利国家版图中，直至意大利军队攻克罗马，1871 年才最终实现了将罗马作为伟大国家首都的梦想。

因此，新王国的第一要务仍是选出一个新国家的城市代表。民众提出了多项备选方案——都灵立即被放弃，因其与萨伏依家族仍有着千丝万缕的联系；而选那不勒斯的提议也被驳回，因城市的港口实在难以保卫；博洛尼亚自古便是教皇之地，因此也不适宜。此时，"需将首都设置在王国最中心地区，既能受到亚平宁的保护，又应与海洋相隔较远……综合考虑……城市应便于行政管理、军事保卫及商贸往来，其优势条件应是意大利其他城市都无法匹敌的"（摘自《国家报》1865年10月26日刊）。于是，佛罗伦萨自1865年2月3日至1871年6月30日期间被选为意大利首都，但这并非出于其自身的条件，而是从政治与军事角度考量后的选择。

平心而论，佛罗伦萨作为托斯卡纳的首府，其实已经历过现代化变革的进程，这座城市被选为首都，本是实至名归的。早在意大利统一之前，佛罗伦萨作为文化名城便已极具国际影响力。19世纪初期以来，佛罗伦萨的影响愈加深远，甚至延伸至整个新诞生的欧洲版图中。佛罗伦萨文化氛围活跃，气候宜人舒适，是外国人游学旅程中的重要驿站（"游学"是欧洲艺术家与思想家推崇的一种求学方式，意大利最引人入胜的地区通常是他们旅程的必经之地）。佛罗伦萨也是意大利书面语言及口头语言形成历史中的重要结点，而

文森佐·加比安卡，《14世纪佛罗伦萨小说家》，1860年，佛罗伦萨皮蒂宫现代艺术画廊

语言正是促使意大利统一的另一重要因素。佛罗伦萨诸多重要的知识分子及普通市民都致力于文化推广，如吉诺·卡博尼（1792—1876）、乔万·皮埃特罗·维休科斯（1779—1863）、科西莫·里多尔菲（1794—1865）等，在他们的努力下，佛罗伦萨汇聚了知识交流与文化熏陶，荟萃了艺术与文学经验，成为视野更为开阔、更具现代活力的城市，其中“维休科斯图书馆”至今仍值得称道。此外，绝大多数佛罗伦萨市民都是具有公共素养的资产阶级，他们极具国际审美和世界眼光。在这样一个文化更为开放且具有特定经济需求的城市，新型社会与城市空间的推动自是水到渠成之事。将王国定都在佛罗伦萨，令萨伏依宫廷迁居此地，更是让这片早已成熟的土地加速了变革进程。为迎接新时代的到来，城市的建筑面貌及文化风格也随之发生了改变。

定都便意味着佛罗伦萨将成为意大利的中枢地带，需将整个国家的行政机构设置于此，并接纳迁移至此的萨伏依宫廷。旧佛罗伦萨城显然无法满足此要求，因为它是一座仍固守于中世纪城墙之内的城市，街巷极为狭窄，甚至堪称逼仄。历史中心区中有大型市场和犹太人聚居区，在16世纪建成的下水道系统显得古老而陈旧。因此需将佛罗伦萨打造成一个全新的城市，既不掩埋自己的中世纪和文艺复兴的记忆，又能弘扬独特的建筑与艺术之美，同时也应实践城市的现代

佛罗伦萨的文奇利亚塔城堡

乌尔比诺大公弗朗切斯科·玛利亚·德拉·洛维雷的盔甲，佛罗伦萨巴尔杰洛博物馆

标准，并借鉴新型的居住空间形态，广泛采用已在大型欧洲都市中使用的交通运输及城市照明新型科技。这场巨大的建筑变革史称“佛罗伦萨的改建”，负责这一历史性城市变革的建筑师是朱塞佩·波吉（1811—1901），但他被意大利人鄙夷地称为“水利工程师”。波吉计划以功能性作为整个城市概念的基石：私人与公共空间必须完全区分开（考虑到将有3万新居民入住，包括政客、官员、军人、雇员，他们常举家搬迁，亲属仆役数目众多），但同时也必须打通物资流通环节，以保证搬迁至此的人员仍可享受富裕干净的生活。波吉决定拆掉城墙，将其改建为与巴黎大道类似的绿树成荫的环城大道。旧城墙仅

科西莫三世少年时期的盔甲，佛罗伦萨巴尔杰洛博物馆

保存城门，扩建成一个与19世纪风格截然不同的文艺复兴典雅式大广场。环城大道延伸至阿诺河之外，拓展至科里路，最后到卡西内路，将整座城市连接起来。大道地势最高处建有一座大型广场（米开朗琪罗广场），至今仍可于此欣赏到城市最秀丽的风光。

但佛罗伦萨人对此改造计划却不甚满意。皮埃特罗·巴尔杰利尼在1966年出版的巨著《佛罗伦萨的辉煌历史》（*La splendida Storia di Firenze*）中提到，佛罗伦萨人贬称建筑师为“修大道者”，讥讽城市面貌存在的新冲突，“大林荫道与城墙之中的小巷子成了佛罗伦萨的特色风景”。整体而言，改建虽未收获好评，但仍是有用的。

部分城区被拆除，如卡马尔多雷西区、圣洛伦佐教堂等被改建为新市场，火车站旁设计了新住宅区。在新大道附近区域，中世纪古宅被改建为欧洲风格的大宅子。大教堂广场至火车站的中央道路被拓宽，而从市中心至大教堂沿途的狭窄房屋大部分被拆除。历史建筑被新政府机构重新利用，韦奇奥宫成为议会厅：其中16世纪的沙龙被用作众议员室，12世纪的沙龙则作为参议员室；韦奇奥宫其余区域的壁画以装饰纸覆盖，作为外交部的办公地点；最著名的美第奇——弗朗切斯科一世的书房中已拆除了瓦萨里学院中的绘画，成了小废纸间。

皮蒂宫被用作维托里奥·埃马努埃莱的府邸，但国王的大部分时间都是在比萨海岸的圣罗索雷猎场中度过。几乎所有的修道院、宫殿、塔楼等建筑都被另作他用，里面堆满书架，成为办公地点。

佛罗伦萨人满心期待重要的定都之举会为城市带来世界级影响力，但这种希望却部分落空了：维托里奥·埃马努埃莱相当狭隘保守，固然他喜欢以资产阶级的身份穿行于佛罗伦萨的街道，喜欢以

博蒙特画廊军械藏品全貌，都灵皇家军械库

非正式的方式接见民众，但他并不喜欢大型舞会，也不热衷参加活动。而皮蒂宫的世俗化形象却并非为一位贵妇，而是平民出身的罗莎·维尔切拉纳（即后来的米拉费欧丽伯爵夫人），她是国王的情人，也是他后来门不当户不对的妻子。罗莎随国王来到佛罗伦萨，随后居住在佩特拉亚庄园中，这里与皮蒂宫相隔甚远，但她并不受佛罗伦萨人的待见。敏锐的佛罗伦萨史学家乌戈·佩西在自己的著作《首都佛罗伦萨：1865—1870》（1904 年在佛罗伦萨出版）中如此评价她："1865 年，（米拉费欧丽）伯爵夫人刚满 32 岁，美貌异常，眼神活泼灵动，长有一头乌黑油亮的秀发，皮肤完美无瑕，人人皆说她心地善良，从不伤人，甚至对诸多的敌人也是勉力容忍。她穿衣品位不佳，喜好明亮的色彩与醒目的首饰，极爱炫耀。她不常出现在佛罗伦萨，许多人见到她时，并不知晓她的身份。"

佛罗伦萨适应了一种更大众的虚荣，新城市中修建了大量装潢精美的休闲及社交场所，共建有 11 家剧院，从整修的 17 世纪剧院（其中包括佩尔格拉剧院与尼克里尼剧院），到 1863 年新建的波丽特雅

以欧洲骑士盔甲著称的沙龙，佛罗伦萨斯提波特博物馆

玛·维托里奥·埃马努埃莱剧院。城市还开放了新型知识场所，如文化沙龙、阅览室等，丰富了知识分子的现代生活，为那个仍奉行禁欲主义的年代吹来了一股愉悦之风。

作为首都的佛罗伦萨在五年间发生了翻天覆地的改变，而这种变革在此后也延续了数年之久。旧市场被拆毁，改建为 19 世纪风格的共和国广场和知名文学咖啡馆，如红上衣咖啡馆、帕什科夫斯基咖啡馆、吉利咖啡馆等，圣十字架教堂、圣母百花大教堂等新型建筑也开始动工。

1871 年，意大利首都迁至罗马，政府部门和王室也从佛罗伦萨迁出。佛罗伦萨人天生不敬，尽管他们以自己的方式表达了对国王的欢迎和热爱，但仍在城墙中留下了这样一首短诗：

当君王离开时，都灵哭泣，
当君王到来时，罗马雀跃，
而诗歌和艺术的摇篮佛罗伦萨，
对君王的来去，毫不在乎。

巴尔杰洛博物馆正是在此特殊背景中诞生，这首诗歌同样反映出了博物馆的精神。巴尔杰洛博物馆最初为人民长官府邸，在中世

斐济岛的织布，佛罗伦萨自然历史博物馆

纪时期成为最高行政官官邸，在随后数百年中，又作为警察统领住址（“警察统领”的意大利语名称正是巴尔杰洛），甚至最后沦为监狱。在佛罗伦萨作为首都的五年中，巴尔杰洛并未被兼并为政府机构，而是有幸承担了文化重任，被改建为佛罗伦萨城市历史博物馆，忠诚地传承着佛罗伦萨的伟大精神。1865 年，巴尔杰洛对外开放，第一层为两个军械展厅，藏品源自美第奇军械库与韦奇奥宫。一层另有展出 15 世纪至 16 世纪雕塑作品的展厅，第二层则放置着 16 世纪沙龙中的雕塑作品。乌菲齐画廊及私人收藏者赠予博物馆的大量藏品，其中包括青铜雕塑、大理石雕塑、琉璃品、蜡制品、琥珀制品、象牙制品、金器、釉质品和小铜像等。

墓葬雕塑（阿富汗），佛罗伦萨自然历史博物馆

佛罗伦萨巴尔杰洛博物馆

博物馆历史

中世纪与文艺复兴时期的佛罗伦萨市中心位于韦奇奥宫与圣母百花大教堂两步之遥的地方，巴尔杰洛博物馆就耸立在此处。这座宏伟的石头建筑象征着真正的坚毅，是古罗马古典政治与司法机构在当代的荣耀回响。

1255年，在早先的沃罗亚纳塔建筑物内开始修建巴尔杰洛博物馆。巴尔杰洛博物馆庄严恢宏、宏伟肃穆，最初用于人民长官的府邸，是最重要的市民政府机构。

巴尔杰洛标志性的第一座四边形建筑于1261年落成，13世纪末期，在此基础上增加了第二座大型建筑。1320年之前，建筑物的两侧也被加高了。建筑师内利·迪·菲奥拉万特负责扩建整个建筑。

朱塞佩·佐齐，《巴尔杰洛博物馆的八角塔全貌》，佛罗伦萨乌菲齐画廊，印刷与版画室

1340年至1345年间，他计划继续扩建，增加一个议会大厅。从外部观察巴尔杰洛博物馆，会发现它是由不同类型的墙壁构成。1345年至1367年，内利开始着手修建宏大的石质阶梯，此石梯至今留存于庭院中，仍可使用。

但自1502年开始，巴尔杰洛博物馆的用途几度发生改变。它先是成为司法委员会所在地，自1572年起，又成为司法官（即警察统领）府邸。此后，巴尔杰洛博物馆在近300年的时间中曾被用作市民监狱，它也随之步入了一段灰暗的岁月，在历经颓败衰落后，最终迎来了改变。

庭院拱柱与凉廊均设有围墙，大厅用隔板分割成拘禁囚犯的小隔间，而装饰与壁画均被一层厚石灰所覆盖。曾经接待过民主议员的大厅如今也成了拘留与折磨之所，庭院中央赫然矗立着行刑的断头台。建筑正面也以一种十分特殊的方式进行了装饰：一些艺术家奉命在外部墙壁上创作了侮辱性肖像画，描绘了背叛者或通缉犯的

巴尔杰洛博物馆礼拜堂全貌

肖像，以让他们臭名昭著。1840 年，巴尔杰洛的命运再生波澜。政府启动了一项 14 世纪壁画的发掘项目，将被覆盖的装饰礼拜堂的部分 16 世纪壁画重新挖掘出来，此项目的主要目的为挖掘诗人但丁的古典肖像——据史料记载，此画应出自乔托之手。巴尔杰洛那斑驳脱落的壁画被重新挖掘出来，几经修复，终于迎来了新时期。

1859 年，监狱被迁往别处，建筑师弗朗切斯科·玛哲伊开始对博物馆进行更为全面的修复工程。他拆除了所有过去曾改变过巴尔杰洛博物馆面貌的上部建筑，围墙拱廊重新被打开，大厅也得以修复。修复大师加艾塔诺·比安奇以中世纪风格图案重新装饰其部分内部环境，反映出新哥特式的风尚。

在此恢复原貌的大背景下，1865 年，巴尔杰洛博物馆对外开放。首批核心收藏为源自美第奇家族的军械收藏及早前保存在佛罗伦萨政府（即韦奇奥宫）中的雕塑。不久后，从乌菲齐画廊中运来了部分雕塑，而米开朗琪罗与多纳泰罗的作品也被转移至新的藏址。除此之外，博物馆还收到了私人捐赠者的馈赠，新增了一系列珍贵物件，包括硬币、印章、蜡像、首饰、珐琅品、青铜器、象牙制品等。

迫于教会压力，博物馆也收购了部分宗教藏品和系列釉面陶器作品，即所谓的罗比亚制品（名称源自专注于此技术的佛罗伦萨雕塑家族德拉·罗比亚）。

巴尔杰洛博物馆的拱廊全貌

巴尔杰洛博物馆：历史大舞台

在巴尔杰洛博物馆中游览，能清晰地感觉到这里不仅是博物馆，更是见证历史风云变幻的场所。巴尔杰洛博物馆的墙壁讲述着精彩的故事，而墙壁围绕的庭院便是历史故事的中心。庭院中装饰有数百幅画像，讲述历史的主角不仅是艺术作品，还包括装饰着庭院的徽章。徽章属于曾居住于此的人，即使短暂停留于此的人也留下了印记。如前所述，巴尔杰洛博物馆是作为市民政府而诞生的，是最高行政官的化身。这位最高行政官得是拥有贵族血统和良好声誉的外乡人，由12位长老组成的委员会所任命，负责民法与刑法执行事宜。为保证正确性与公正性，最高行政官应遵守相当严格的规则：首先，他必须来自距离佛罗伦萨至少50英里的城市；获得任命后，他不得携家眷赴任；任期不超过一年（某些情况下甚至仅为6个月）。由此便可最大限度地降低行政官在决策时受到的干扰，使其极难与市民结成同盟。这便解释了庭院墙壁上有大量徽章存在的原因。在两百年的时光中，这里曾接纳过数不尽数的行政官。

此外，庭院四周墙壁上存在的其他图像也可以帮助我们理解这段历史：即

巴尔杰洛博物馆庭院一景

达·芬奇与安德烈·德尔·萨尔托描绘某些囚犯被处决过程的作品。

1479 年 12 月 29 日，贝尔纳尔多·班迪尼·巴隆切利在巴尔杰洛博物馆的窗户下被缢死，他被指控在 1478 年帕奇家族策划的阴谋中杀害了朱利安诺·德·美第奇。达·芬奇见证了这个处决过程，随后刻画出了此场景。画作现存于巴约纳博纳博物馆中，画中人物旁边留存有达·芬奇的笔记，他记录了画作色彩与人物服饰细节。

安德烈·德尔·萨尔托创作的赭色草图保存于乌菲齐画廊中，它反映了 13 世纪以来流行的特殊传统，即在公共建筑的墙壁上描绘背叛者与通缉犯，此类肖像画在巴尔杰洛博物馆的塔楼

达·芬奇，《被缢死的贝尔纳尔多·巴隆切利》，巴约纳博纳博物馆

数量较多。大量艺术家奉命创作此类绘画，其中包括托马索·迪·斯特凡诺（亦称小乔托），桑德罗·波提切利与安德烈·德尔·卡斯塔诺，安德烈也因此赢得了“吊死者的小安德烈”这一绰号。安德烈·德尔·萨尔托也曾接受过此类委托，1530年的2月至4月之间，安德烈在塔楼外侧的墙壁上创作了部分统治者的肖像。这些统治者与其他市民一样，在佛罗伦萨沦陷之时四散逃亡，背叛了自己的故土。因政治局势的变幻，此类绘画通常都会在短时间内被清除，或被新背叛者的肖像画所覆盖。这些壁画早已散佚，仅留下了乌菲齐画廊中的草图。

安德烈·德尔·萨尔托，《被吊死者》，佛罗伦萨乌菲齐画廊版画室

乔托：《但丁与抹大拉的玛利亚礼拜堂》

1550年，瓦萨里在著作中如此记载："正如至今仍可见的，乔托在佛罗伦萨最高行政官的府邸中创作了但丁·阿利基耶里的肖像画。但丁与乔托是同时代人，也是他最伟大的朋友。诗人但丁的名气绝不亚于同时代的画家乔托。"此记载促使了大批知识分子在复兴运动期间参与巴尔杰洛博物馆礼拜堂的修复工作，试图寻找出历史学家瓦萨里记载的那幅但丁画像。

礼拜堂建造于14世纪初期，最初作为最高行政官的祈祷之所。随后用于关押死刑犯，囚犯可在此度过人生的最后一夜。14世纪，乔托和他的画室对此处进行了装饰，而在1570年，这宽大的空间又被分为两层：底层用作仓库，顶层用作囚室，而所有的装饰均被厚石灰所覆盖。

乔托，《天堂》，佛罗伦萨巴尔杰洛博物馆，抹大拉的玛利亚礼拜堂

在艰苦卓绝的漫长研究后，1840 年 7 月 2 日，壁画终于被发掘出来，但丁神秘的肖像画也随之浮出水面。

此画为侧面像，但丁头戴他那顶著名的帽子，身着红色斗篷，见证了天堂的景象。此后，所有壁画均被挖掘出来，博物馆也随即成为艺术家与文人的朝圣之地，他们来到巴尔杰洛博物馆这阴暗的房间中，欣赏这幅被认为是伟大诗人最古老也最真实的肖像画。

根据左侧墙壁的签名记载，壁画是于 1337 年由行政官菲德斯米诺·达·瓦拉诺委托创作的，他也被描绘在画面中，或许是但丁下方的跪拜者。

乔托有可能在去世前一年开始创作壁画，但画作最终由画室完成。装饰中心墙壁的天堂场景附近出现了抹大拉和施洗者圣约翰的故事，背部立面则描绘着地狱场景。如今壁画早已残破不堪，苍白颓败，仅可隐约窥见它最初的流光溢彩。

乔托，《末日审判》（乔托与最高行政官菲德斯米诺·达·瓦拉诺的细节图），佛罗伦萨巴尔杰洛博物馆，抹大拉的玛利亚礼拜堂

收藏

巴尔杰洛博物馆的整体构造为引人入胜的中世纪框架，具体又可细分为三层，展示着风格各异的藏品，它们来自迥然不同的地域、时代与文明。从中世纪至巴洛克时期，从伊斯兰世界至东方文明，从雕塑至军械，从首饰至花饰陶器，巴尔杰洛博物馆的藏品为我们展现出了丰富多彩的世界遗产，无论你是单纯的爱好者还是专业的收藏家，均能在这些雕塑、绘画等艺术珍品中找到欣赏之作。各个藏品所具有的技法、语言、素材与尺寸都截然不同。巴尔杰洛博物馆最大的魅力与独特性正是源自种类丰富的藏品。19 世纪中叶以后，当该建筑被用作博物馆之后，巴尔杰洛博物馆陆续得到了大批藏品。乌菲齐画廊最先运来了雕塑藏品，其中包括米开朗琪罗、韦罗基奥、切利尼、多纳泰罗等大师的作品。此类文艺复兴宝藏为最重要的核心藏品，此外，博物馆还增添了一系列优美的青铜器，其中包括 16 世纪广为传颂的创作品，这令人联想到“珍奇柜”与皇家工坊的壮观场景。乌菲齐画廊还运来了部分应用艺术藏品，博物馆也得到了孔蒂、雷斯曼、弗兰切蒂的馈赠。最重要

比萨内罗，《巴列奥略王朝乔万尼三世肖像圆章》

的赠品是路易·卡兰德在 19 世纪末期捐赠的 265 件象牙制品，创作时间从 5 世纪至 17 世纪，可让观赏者完整地欣赏到象牙制品的变迁史。沿着博物馆的台阶拾级而上，便来到了它最特别的房间之一，即展示用于狩猎与阅兵的军械藏品的房间。展品大部分源自美第奇家族军械收藏及韦奇奥宫中的门厅藏品。纪念章存放区同样令人目不暇接，满是源自美第奇家族与洛林家族的藏品，此区域展出了藏于巴尔杰洛博物馆的 25000 件展品中的 1000 件。花饰陶瓷品收藏区域也同样琳琅满目,对后世产生了深远影响。陶瓷品缤纷多彩，色彩细腻生动，包括水瓶、盘子和陶罐等，都是源自乌尔比诺工坊的优美陶器。巴尔杰洛博物馆拥有的大量公共与私人的借出品或赠品，其中包括国家档案馆、造币博物馆等机构的赠品。博物馆曾购买了一系列印章与硬币，在意大利统一期间，还增加了德拉·罗比亚工坊制造的釉面陶器藏品。

喷泉摆件，三叶草形状大瓷盘，装饰画主题为汉尼拔军营场景

可拆合双联画，《查理大帝战胜野蛮人》，细部图

珐琅圣物箱

主要馆藏

人间天堂中的亚当与圣保罗的故事

5 世纪

象牙制品　29.6×12.7cm（单个）

这是可拆合的双联象牙浮雕制品，其雕刻风格各异，可能于意大利创作，亦似希腊制品。这是博物馆象牙藏品中最珍贵的物件之一。

左侧的浮雕讲述了《旧约・创世记》中的一则故事：亚当为所有人间生物命名。各种动物相互堆叠，被树枝分隔开。部分动物正在饮用天堂里四条河流中的水，河流流淌在画面的最下部。尽管画面完全缺乏深度，整体构图也略显简单，所有人物均被放置在同一层级，但整幅作品却生动异常。右侧浮雕则描绘了《新约》中的故事，即圣保罗的某些生活场景。故事在三个平行层级中展开，展示出圣人在不同情境中的样态。画面具有惊人的表现力，复杂多样，经过精心划分场景，艺术家采用了不同的景深。显然，左右两个部分应由两名不同的艺术家完成。

将《创世记》与圣保罗故事并置，这是极其不同寻常的设计。我们必须回溯至极其古老（4 世纪）的希腊神圣典籍中，才能找到这两个故事同时出现的情况。因此有学者猜测，这幅作品极有可能是希腊人创作的。

杰作解析

这件双联浮雕作品如今仍令人称奇，人物具有卓异的现代性，而匿名雕塑家的技艺同样超卓。

在左侧作品中，亚当周围的动物种类与产地各异，既有寻常家禽，又有罕见的异域珍兽，艺术家想象力汪洋恣肆，细节考究逼真。

艺术家几乎展示出了所有古老动物，包括猛禽、爬行动物与反刍动物。

在右侧作品中，上方圣保罗坐于宝座之上，双足踏在脚凳上，手中握着书卷，左手高高抬起，正准备开口说话，但他的听众无法被确切辨认。

画面中心则为马耳他发生的毒蛇奇迹。左侧为圣保罗，他遭遇了海难，停留在一座小岛上，足部被一条从灌木丛中蹿出的毒蛇咬住了。但在信仰的帮助下，他竟奇迹般活了下来。

我们可辨别出中间穿长袍之人为马耳他统治者，他两侧站着佩剑侍卫。旁观者见证了圣人被毒蛇咬伤却能生存的奇迹，他们表现出惊奇的神色。

下方场景中央为两名正被带至圣人处的病人，其中一名瘦骨嶙峋，另一名则胳臂瘫痪。旁观者将手指指向天空，表示圣人将治愈他们。

阿吉鲁尔夫铜箔

6—7 世纪

青铜制品　18.9×6.7 cm

1891 年，这件金属制品在瓦尔迪内沃勒市被挖掘出，此地为伦巴第王国的古老边界。这件用青铜雕刻的制品究竟有何用途，学界对此争论不休。此古老制品的尺寸较小，呈梯形，在整个边缘部分均有孔洞，中央为两个拱形。此制品极有可能为头盔正面装饰，也有可能是圣物箱的装饰。

但人物和场景的象征意义却是显而易见的，制品中的题词亦可佐证。场景中央的铭文“DN AGILULF. REGI”表明宝座上的人正是阿吉鲁尔夫，即于公元 591 年至 616 年间在位的伦巴第国王。他左手持剑，放在双膝之上，右手抬起，展示出标准的讲演姿态，表明皇帝即将进行正式演讲。两名戴有头盔、手持盾牌和武器的士兵在他的身旁。中心人物组群两侧出现了有翼的胜利之神，携带胜利号角飞向宝座，与铭文“VICTURIA”相呼应。铜箔两侧为两组特殊的人物，他们似乎从象征城市的塔中走出，向国王走去，为他带来权力的象征：顶部带有十字架的皇冠。

图努斯长柄圣扇

9世纪

骨制、象牙制、羊皮纸装饰与镶金制品　长78cm（闭合）

这柄用于典礼的折扇也被称为图努斯长柄圣扇，是加洛林王朝艺术最重要的代表作之一，也是巴尔杰洛博物馆最珍贵的藏品之一，由法国古董商路易·卡兰德于1888年捐赠。这是一件极其罕见的物品，制作于9世纪中叶，现保存状态极佳。圣扇用于在宗教庆典中驱赶祭坛蚊虫，但13世纪后，西方教堂中不再使用此类物品，它们也随之停产，因此此件展品极其珍贵。

圣扇主体为长条羊皮纸，折起后可放入一个方形象牙盒子，由一个骨制雕刻手柄相连通。羊皮纸外圈部分装饰有献给圣母玛利亚与圣菲利贝尔托的铭文，二位圣人绘于中间部分，其他圣人则以植物及动物元素进行区隔。手柄为象牙与骨制，上方交替刻画出各种花序，构成了一个装饰整体。顶端扇托部分为小布片，其中刻画了圣彼得、圣菲利贝尔托、圣玛利亚与圣保罗的形象。保存圣扇的盒子覆盖有象牙浮雕，按照维吉尔的《牧歌》雕刻出了田园场景。除了花序装饰外，还有葡萄叶片及飞禽走兽。

卡兰德双联画

约 1386
木板油画　90×25cm（单幅）

作品规格较小，珍稀罕见，象征着绘画与建筑艺术在微缩尺寸作品中的碰撞。双联画结构为两扇尖顶小门，与此时期欧洲建筑中哥特式大教堂的高耸感相呼应。

油画描绘了两则耶稣的生平故事，具有法国贵族皇室微缩画的优雅古典感。左侧画板中描绘着玛利亚，坐于以锦缎覆盖的宝座上，膝上抱着小耶稣。圣母肩部的门框上可窥见众天使的形象，圣母脚旁左侧为圣彼得与施洗者圣约翰，右侧则为圣保罗与亚历山德里亚的圣卡特琳娜。中间两组圣人之间坐着两名年轻人，最近有学者辨认出二人分别为法国国王查理五世之女卡特琳娜及其丈夫蒙彼西埃伯爵——伯里的约翰，二人于 1386 年结合。因此，前景中圣卡特琳娜手上举着的白色百合不仅是纯洁的象征，也暗示着法国王室。右侧画板中则描绘出了耶稣被钉上十字架的故事。耶稣那饱受折磨的苍白尸体被从十字架上倾斜下来，而前景中，施洗者圣约翰与圣母眼看着悲剧的发生，二人完全被笼罩在蓝色斗篷中。神圣氛围流动在双联画中的每处细节中，镶金装饰与考究的色彩则更加强调了场景的神圣性与人物的优雅感。

单峰骆驼纪念章

约 1400

黄金、珐琅、珍珠与蓝宝石制品　直径 5cm

一头单峰骆驼懒洋洋地卧在草地中间，草坪中点缀着白色与蓝色花朵，珍珠与蓝宝石以黄金夹子固定住。金匠还在动物的白色身体上方设计了小金片，营造出表面的运动感，再现了动物的毛发。黑色装饰表示动物的解剖学细节，它双眼倦怠，蹄子蜷缩在腹部。中间场景附近则装饰有珐琅叶片，周围排列的不规则小珍珠以更大的成对珍珠间隔开来。所有元素均被一个极薄的金片连接在一起，背面由别针及扣环固定住。

此胸针为国际哥特主义的中心（如巴黎宫廷）生产的典型贵族装饰。14 世纪末期，当地金匠接到了大量此类委托订单。为了满足富裕的私人客户对自然元素的喜爱，金匠们力求打造出更丰富的形状及色彩，大量采用金属、宝石、半透明珐琅等材质。此单峰骆驼应可以表明胸针所有者的身份，近期有学者指出，此物应为贵族维塔利安诺 – 维塔利安尼 – 波罗梅奥的家族徽章。

洛伦佐·吉贝尔蒂

《以撒的牺牲》
1401
青铜雕塑　44×38cm

1401年，佛罗伦萨举办了洗礼堂北门委托项目的竞赛，竞争者包括灵巧的金匠与雕塑家洛伦佐·吉贝尔蒂。最终吉贝尔蒂击败了其他竞争对手，赢得了委托。所有人面对的都是同一道考题，即“以撒的牺牲”。吉贝尔蒂以更加丰富的细节、强烈的动态感及古典时期的平衡感取胜，这种理念征服了评审专家的心。吉贝尔蒂接受了严格的金匠训练，因此可以创造出更为复杂的场景，他极擅长节省材料，这也是他战胜菲利普·布鲁内莱斯基的原因（因布鲁内莱斯基与吉贝尔蒂在半决赛中不分胜负）。

与布鲁内莱斯基的作品相比，吉贝尔蒂的创作中所流淌的感情更为平静，重点突出人物的冲突与动作的戏剧性。吉贝尔蒂作品中的一切元素更为克制：场景被山分为两个部分，公羊在山顶平静地等待着。左侧则为仆人，他们正在交谈，完全被隔离在主要场景之外，似乎不知晓情境。故事在右侧中间区域展开：亚伯拉罕与以撒并肩，父亲面庞可怖，儿子正以恐惧的神色望着他。以撒的身体并非青少年之身，而是一个完美匀称的古典半身像。祭坛下方放着以撒刚脱下来的衣服。

2306

杰作解析

吉贝尔蒂在作品中展现出了杰出的金匠才能，最终打败对手，赢得了委托。

天使的形象完美地体现出了吉贝尔蒂的高超技艺能力，他对逼真透视角度的运用超乎寻常。天使忽然到来，他尚未触及亚伯拉罕的胳膊，便被亚伯拉罕看见。

亚伯拉罕的服饰尤其值得注意，他的衣角正猛烈摆动，暗示着他正要完成这一动作的猛烈程度。前景中，他的手部青筋暴起，太阳穴高高凸起。臀部的轻微侧偏则反映出典型的哥特式艺术形象，称为“hanchement”，即突出胯部的动作或姿势。

以撒的身体则为当时著名的古典半身像，吉贝尔蒂坦然地借鉴了此形象，以示对古典时期的风格致敬。15 世纪，对古典时期风格的模仿，不仅是艺术领域的主要风尚，在整个佛罗伦萨文化中也极为流行，这也是哥特式风格最终被逐步摒弃的原因。

祭坛的螺旋纹饰，沿袭了罗马石棺浮雕图案的传统风格。

两个仆人在《创世记》的故事中也有所提及，造型优雅古典。

作品框架为多叶形，这是由洗礼堂早先存在的大门结构而决定的，大门建成于14世纪哥特风格的鼎盛时期，出于安德烈·皮萨诺之手。因此吉贝尔蒂必须将作品镶嵌在这个有限的空间内，但成品极其自然，毫无艰涩之感。

菲利普·布鲁内莱斯基

《以撒的牺牲》
1401
青铜镀金雕塑　41.5×39.5cm

对于佛罗伦萨来说，1401 年是有着跨时代意义的一年，通常也被视为文艺复兴的起点。1401 年，佛罗伦萨为洗礼堂第二道青铜大门的装饰工程开展了一场大型竞赛，其参赛主题为“以撒的牺牲”，接受挑战的艺术家就包括菲利普·布鲁内莱斯基。他创作的场景具有极强的表现力，布鲁内莱斯基虽进入了总决赛，但遗憾的是，冠军最终由洛伦佐·吉贝尔蒂获得。

在镀金的青铜浮雕右侧，亚伯拉罕身体紧绷，略显老态，他正要献出自己年轻的儿子，向上帝展示自己的虔诚之心。以撒则恐惧万分，单膝跪在祭坛上，张大嘴巴，正要叫喊。亚伯拉罕在即将把匕首刺进儿子喉咙的瞬间，上帝派来的天使便在空中抓住了亚伯拉罕的胳膊，阻止了这场献祭。天使下方为将代替以撒被献祭的公羊。雕塑中央区域的前景中，一头驴正在安静地吃草，而两侧的两位仆人则超出了边框范围。左侧的年轻人有一头浓密的棕发，正专心地将一根刺从脚中拔除。这一细节是对古典青铜雕塑作品《挑刺少年》的致敬，《挑刺少年》现存于罗马卡比托利欧博物馆中，大理石复制品则保存于乌菲齐画廊。

2307.

多纳泰罗

《圣乔治像》

1416—1417

大理石雕塑高 209 cm（雕塑） 底座 50 × 172 cm

“铠甲与佩剑协会”委托多纳泰罗负责装饰佛罗伦萨圣弥额尔教堂的外部壁龛，创作主保圣人（即圣乔治）的雕塑。殉难的士兵被描绘成了英雄，作品强调了力量与尊严：人物双腿叉开站立，神态自豪，眼神坚毅勇敢，无所畏惧。圣人的上半身略微旋转，以便能自然地镶嵌入壁龛那有限的空间内。年轻人正宁静地直视前方，左手放于十字军的盾牌之上，右手则紧握宝剑（宝剑如今已遗失）。

大理石浮雕装饰的底座是壁龛的基座。多纳泰罗描绘了圣乔治生平中最重要的片段，跨马而立的士兵正用长矛刺中巨龙，解救出公主。年轻的公主将双手交叉放在胸前，露出恐惧之色。文艺复兴风格的拱廊在她身后逐渐延展开来，给浮雕营造出一种自然的纵深感。为了实现更自然的透视感，多纳泰罗采用了一种新的技法，即所谓的“浅浮雕”法。艺术家通过不同的浮雕层级，打造出人物的纵深感，他借鉴了好友菲利普·布鲁内莱斯基研究的水平透视规则，将其运用到雕塑之中。

乔万尼·托斯卡尼与画室

圣约翰主题的历史画木盒

约 1425

镀金木材　67 × 163.5 × 63.7 cm

这是中世纪住宅中典型的装饰品，是盛放新婚女子嫁妆的木盒，通常用于保存布料，富裕家庭中的木盒大多装饰考究。

此作品质量极佳，为杨木质地，中心部位的六边形区域描绘了佛罗伦萨人耳熟能详的仪仗庆典。圣约翰为佛罗伦萨古老的守护圣人，城市洗礼堂正是为他而建的。在圣约翰节日当天，市民纷纷捐赠装饰彩旗。作品中的八边形建筑正是洗礼堂的标志，位于左侧，以彩色大理石装饰。画面中马匹与

军旗营造出了热烈的节日氛围，彩旗以历史画装饰，白色草坪上点缀着象征佛罗伦萨的红色百合花，画面高处的中央同样出现了百合花，但规格更小。各个阶层的市民，无论富贵贫贱，老少妇孺，均参加了庆典，其中不乏政界要人，画面边框为一圈雕刻了镀金的百合花。按照传统，木盒边缘还有新婚夫妇的家族徽章，徽章上下两面为美德隐喻图画，左侧分别为“信仰”与“希望”，而右侧则为“仁爱”与“谨慎”。

游行马鞍

约 1425—1450

木材、皮革与骨头制品　39×48×34cm

巴尔杰洛博物馆的军械库是整个博物馆中最特别的区域，展出了用于战争、狩猎与游行庆典的物件。军械库的展品代表了武器军械演变的近千年历史，源自不同的文明，样式与制造工艺各异。但美第奇家族的辉煌早已不复存在，在美第奇家族灭亡之后，权力随后被让渡至洛林家族。新掌权的大公散尽了美第奇家族的军械收藏，贩卖了不少军械，甚至重新熔化了部分藏品，因为这些武器象征着一个已消亡的暴力统治时代。洛林家族仅仅保留了那些具有艺术价值的藏品，如今我们可在巴尔杰洛博物馆的橱窗中欣赏到这些艺术收藏品。

在展出的众多特殊物品中，游行马鞍毫无疑问尤其值得关注。这是一件极为罕见的制品，极有可能源自德国。它的规格较小，细腻考究，显然此物品并非用于日常骑马，仅是一件装饰品。马鞍为木质结构，以羊皮包裹，装饰极为华丽生动。彩绘的骨头和鹿角镶嵌其中，描绘出了宫廷中的爱情场景，弓箭手配备齐全，贵妇人年轻优雅，国王华丽雍容，此主题表明游行马鞍应用于婚礼。根据传统，新婚女子将骑马走向夫家。

圣乔治净手水壶

约 1440

黄铜制品　41 × 36.2 cm

贵族餐桌中央常摆放着此类水壶，以供客人在用餐期间或是用餐结束后净手。此类净手水壶最初在法国制作，随后扩展至欧洲北部和东部，也流传到了萨克森地区。优秀的手艺人竭尽全力发挥想象力，将一个寻常用途的物件最终转换成一件精美的艺术作品，其实际用途也被逐渐遗忘。巴尔杰洛博物馆有不少令人惊叹的水壶，这把以圣乔治为主题制作的水壶极其华丽考究。

圣人正用长矛刺向攀附在马腿上的小龙，马儿调转过头，目光平静。为了刺中小龙，圣乔治稍稍挨着马鞍，仅以马镫作为支撑，削尖的长矛则搭在马身上。英雄的面容被头发所遮挡，几乎陷在阴影中，但我们仍可辨认出他的胡须和头发。他佩带着宝剑，所穿的大衣在腰间扎紧。马儿的身体结实有力，马鞍与缰绳的细节考究，以烫金装饰。在马的双耳间可看到透气孔，马颈处的孔洞以盖子闭合，为接水口，水从马胸部中线处的水龙头中流出。

多纳泰罗

《大卫》
约 1449
青铜雕塑高　158cm

1443 年至 1453 年，多纳泰罗转至帕多瓦生活，临行前，他创作了文艺复兴时期第一件与真人大小相当的裸体作品：《大卫》。这座青铜雕塑用于装饰老科西莫·美第奇新宫殿的中央庭院，此为美第奇家族在佛罗伦萨的第一座宫殿。1494 年，美第奇家族被逐出佛罗伦萨后，市民留下了《大卫》，将它迁移至领主广场，作为重获共和自由的象征。

多纳泰罗在此雕塑中再次表明他决意摒弃《圣经》英雄，转向人世间的人物。他的作品自然写实，颂扬了谦卑的感情与勇敢的精神。大卫为了族人的自由，勇敢挑战了令人畏惧的歌利亚。多纳泰罗将大卫塑造成稚嫩的少年，甚至极具女性气质，姿态性感迷人。这件裸身作品令人啧啧称奇，年轻的牧羊人未采用扫罗王借给自己的沉重武器，这是反抗暴政的象征。大卫仅以一双靴子和一顶头盔保护自己，但他拥有高贵的信仰与勇气。他手执机弦，用石块击中歌利亚的面部，趁他摇摇欲坠时上前用宝剑给出致命的最后一击。

大卫将腿放在被斩下的巨人头颅的上方，享受着胜利的果实。宝剑指向地面，表明战斗已经结束，他的左手仍抓着剩下的石块。

杰作解析

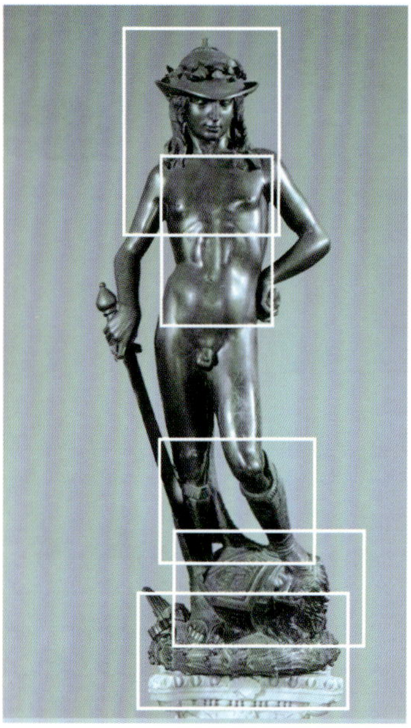

此作品具有巨大的革新意义，多纳泰罗打造出了一件永久流传的杰作，他以全新的方式为《圣经》故事中的英雄大卫赋予了一种前所未有的感性。

大卫帽子的缎带以月桂装饰，帽檐的尖角几乎完全阻挡了他的视线，让观者无法看见他的眼神。但我们需知道，此作品被置于柱子上方，因此艺术家须以从下至上的观察角度来进行构思。雕像头发和头盔的镀金在2008年的最新修复中得以复原。

裸身不仅暗示着大卫的勇气，更是向古典主义的致敬。《大卫》体现出人体解剖学的完美平衡，具有年轻英雄的纯净感。

雕塑细节考究华美，歌利亚头盔的两翼优雅地轻抵在年轻人的小腿内侧。头盔正面雕刻的神话故事题材的场景则象征着宗教神圣与世俗间的对立关系。

巨人的头颅被斩断，他面庞带有胡须，眼睛紧闭，这种死亡状态与年轻大卫的优雅形成了更加鲜明的对比。

底座为月桂花环，是胜利的经典象征。

多纳泰罗

《爱神或阿提斯》
约 1440
青铜雕塑　高 104 cm

这幅作品极为神秘，世人曾对它做出过种种猜测，但评论界如今已一致认为这是多纳泰罗创作的青铜雕像《大卫》的同时期作品。我们尚且无法得知此雕塑的委托人是谁，而描绘的主题也不甚明了。或许为丰育之神阿提斯，也可能为爱神，或许二者皆可，以隐喻肉身之爱与精神之爱的结合。尽管学者对此提出了各种阐释，但仍无法得到确切的答案。

此未解之谜引发了无数猜想。小男孩喜滋滋地将手臂伸向天空，肉乎乎的手指与圆滚滚的面庞是此雕塑最令人称奇的细节。男孩无忧无虑地微笑着，眼神中满含欢喜，两颊也呈大笑状态。他上身赤裸，略微圆润，背部有一对小翅膀，令人联想到丘比特。他还有一条羊的尾巴，暗示着天性与本能。腰间一根宽腰带绑着裤子，其特别之处在于敞开的裆部，这是阿提斯的服饰特征。腰带两侧装饰着罂粟花，这是安眠的象征，也是佛罗伦萨贵族巴尔托利尼－萨林贝尼家族的标志，因此部分学者认为该雕塑应为该家族所有。这座神秘雕塑的足部穿着一双带翼的袜子，脚踩着两条蛇。

卢卡·德拉·罗比亚

《圣母与圣婴》(亦称为《玫瑰花圣母》)
1450—1460
釉面赤土陶器　83×63cm

“圣母与圣婴”是文艺复兴时期的经典主题。釉面赤土陶器的技法此时广为流行，正是这件作品的作者卢卡·德拉·罗比亚开创了这种新技法，因此此类作品也被统称为“罗比亚”制品。陶土虽然是廉价的材料，但上釉之后，却拥有了极其优雅的光泽感和色彩感。与大理石雕塑或绘画作品相比，陶土成本较低，这也是此类制品大获成功的原因。多年来，德拉·罗比亚家族的制作工艺秘不外传，仅限于家族工坊，尽管陆续有其他艺术家开始模仿此工艺，也开办了不少工坊与之竞争，但罗比亚家族的制品质量仍属上乘。

《玫瑰花圣母》或许是某座私人礼拜堂的装饰品，应安置于祭坛高处，这也是圣母上身格外长的原因。她紧紧抱住圣婴，婴儿正欢快地用一只手抓住周围的花朵，另一只手则将水果放在圣母胸前。玫瑰花是圣母的代表之花，象征着纯洁。这件雕塑实现了色彩的完美平衡，中心组群具有耀眼的洁白感，天空及植物又呈现出厚重的蓝色及绿色。

米诺·达·菲耶索莱

《皮埃罗·德·美第奇上半身雕塑》

1453—1454

大理石雕塑　55×53cm

皮埃罗·德·美第奇为“豪华者洛伦佐”的父亲，他那暗示自己健康状况的绰号更为人所熟知，即“痛风者皮埃罗”。雕塑的制作者是米诺·达·菲耶索莱，下半部分凹陷处雕刻的题字表明此时的皮埃罗年龄为37岁。雕像被刻画得极其逼真生动。菲耶索莱颇受15世纪佛罗伦萨权贵的青睐，不少贵族均将自己的塑像交由他来制作。皮埃罗·德·美第奇的面部呈完美的椭圆形，眼神深邃坚定，鼻子挺拔立体，嘴唇略薄，两端上翘。艺术家巧妙地将人物的双下巴体现出来，浓密的头发，与面部完美的几何线条形成呼应感。波浪形的发卷经过精心排布，露出宽大的额头与耳朵。服饰华丽优雅，雕塑家对人物的衣着细节进行了细致刻画，反映出当时佛罗伦萨男性着装的时尚。袖口装饰有花卉图案，表明此为珍贵的锦缎材质。上衣主体也出现了袖口的花纹，但织布呈现出垂直褶皱，令雕塑具有动感。上衣边缘处出现了美第奇家族标志：钻石环。

安德烈·德尔·韦罗基奥

《大卫》
约 1468—1475
青铜雕塑　高 120cm

《圣经》故事中的年轻英雄大卫，打败了巨人歌利亚，随后成为以色列王，这是佛罗伦萨文艺复兴时期最受欢迎的主题之一。美第奇家族要求他们最喜爱的艺术家之一韦罗基奥再次以此主题进行创作。此时与多纳泰罗完成《大卫》已相隔 20 余年，但韦罗基奥仍沿袭了大卫的美感。雕塑的规格大为缩小，艺术家创作的英雄十分年轻，面容柔和，但不乏坚毅勇敢，圆润的双腿有力地支撑着他的身体。目光坚定，笑容则体现出了他的满足感。他将手叉在腰侧，垂下宝剑，正在享受胜利。韦罗基奥捕捉到了大卫斩首巨人之后的那一瞬间，他用脚踩着歌利亚的头颅。年轻人身体消瘦柔软，身穿的盔甲以镶金的浮雕装饰。直至 2003 年的修复完成，我们才得以真正欣赏到原作的镶金细节，并深切感受到韦罗基奥作为金匠的高超技艺。

作品完成不久后，便被美第奇家族售卖给佛罗伦萨领主，被安置在韦奇奥宫中。但新藏址空间极为局促，艺术家被迫调整了歌利亚头颅的位置。最初头颅位于大卫右脚处，随后便被挪至现在的位置。

圣卡特琳娜画作大师

《圣殿献拜与圣母领报》（正面）
《圣母、圣婴与施洗者圣约翰》（背面）
约 1470
木板蛋彩画　83×63cm（含边框）

这位艺术家的名字来源于一幅讲述圣卡特琳娜故事的画作（现藏于布鲁塞尔的比利时皇家美术馆），这位不知名的佛兰芒大师约于1460年至1500年间活跃于布鲁塞尔。巴尔杰洛博物馆也藏有他的一幅双联画，某些学者认为画家应为知名大师罗吉尔之子彼得·凡·德尔·韦登。此卓绝之作为双面绘制，因此有人猜测这两幅画或许应为一幅三联画的两侧画板，而中心画板如今已佚失。前方两个场景采用了典型的佛兰芒环境，朝拜神庙则置于哥特教堂的场景中，缩小的圣婴位于祭坛前方，

旁观者身披斗篷，服饰考究。在“圣母领报”的场景中，与圣母相关的元素均囊括在房间中，帐幔床带有红色帷幔，木质床头柜被双窗照亮，中心的百合花为圣母纯洁的象征。前景中的天使身着镶金锦缎华服，耀眼辉煌。圣母则身披一件朴素的黑衣，专心致志地研读圣典，她正在小心翼翼地翻阅祈祷书。画板背面，圣母及圣婴的形象生动逼真，施洗者圣约翰手执高脚杯，正在祈福。

贝尔托尔多·迪·乔万尼

《罗马人与野蛮人之战》
约 1470
青铜雕塑　45×99cm

在“豪华者洛伦佐”统治佛罗伦萨期间，圣马可花园几乎被传为神话之地，艺术家、诗人与哲学家云集于此，互相交流借鉴，彼此展开较量。洛伦佐热衷收集古典艺术作品，其门下的艺术家皆受古典主义的熏陶。这里的艺术家以多纳泰罗的学生贝尔托尔多·迪·乔万尼为首，他是古典艺术大师，负责修复美第奇家族的藏品。

贝尔托尔多受到在花园中日常所见的古罗马石棺的启发，设计出了此件青铜浮雕。作品最初置于美第奇宫的壁炉上方，作品中的人物安排紧凑，活灵活现，肌肉紧绷，上身均有所变形。野蛮骑士与罗马士兵的争斗惨烈异常。士兵们在炮火声中前进，战马的鬃毛飞舞，人与动物的尸身堆积如山。战争在背景中开展，但没有任何环境细节的提示。带翼的两名人物代表整幅画面的边缘部分。此浮雕为艺术家的杰作，也被圣马可花园的常客米开朗琪罗视为效仿的模型。米开朗琪罗现存于博纳罗蒂之家的作品，直接借鉴了贝尔托尔多的风格。

安德烈·德尔·韦罗基奥

《花束女子雕像》
约 1475
大理石雕塑　65×60cm

这个佛罗伦萨年轻女子的上半身雕塑像毫无疑问是安德烈·德尔·韦罗基奥最知名的作品。人们关于女子的身份有诸多猜想，但均无确切证据。普遍认为这是“豪华者洛伦佐”爱恋的女子卢克雷齐娅·多纳蒂的肖像，也有不少人坚持声称此女子的雕像与另一名佛罗伦萨年轻女子吉内薇拉·德·本琪相似。达·芬奇是韦罗基奥的知名学生，也曾创作吉内薇拉·德·本琪的肖像画（现存于华盛顿国家艺术馆），其创作时间与老师韦罗基奥打造此上半身雕塑的吻合。但二者的相似并不足以说服严谨的学者，故此优雅贵妇至今尚未命名。

韦罗基奥在这件作品中以卓越的技法雕刻大理石，赋予雪花石膏以光泽感与透明感。雕像的表情肃穆平静，最令人称道的是他对年轻女子双手的处理：修长优雅，细腻光洁，刻画出了贵族女性那无与伦比的精致感，因此这件作品也被称为《美手贵妇》。韦罗基奥选择的形式是开创性的：这是上半身雕塑中第一次出现只有在肖像画中才有的胳膊与手部，使之成为视线的焦点。雕像的下半部分同样极为雅致大方，从各个角度观赏均有极大的美感。

杰作解析

在此件作品中，韦罗基奥赋予坚硬的大理石以肉身的柔软感，打造出了华丽的杰作。

那安详平静的面庞实现了完美的平衡，让人联想到古典上半身雕塑的静雅之感。

精心设计的发髻极为考究，反映出了时代的审美品位。光滑的长发在头顶正中间被仔细地分成两部分，头发被拢在两鬓处，鬈发呈细小波浪状，最后以发髻束拢在脖颈处。

上衣褶皱的边沿处露出了透明的衬裙，用纽扣系上，制造出一种细微的褶皱感。衬裙的边缘雕刻精良，高度写实，将绣工的超高水平表现得极为逼真。

年轻女子的服饰简洁朴素，质地轻柔，毫无装饰。袖口裸露出的手腕与手指，令人猜测这应是一套夏衣。

女子在胸口捧着的花束由三朵田野小花组成，均包裹在衣服中。

米开朗琪罗

《酒神》
1496—1497
大理石雕塑　高 207 cm

这座华丽绚烂的大理石雕塑是米开朗琪罗在不到 20 岁时创作的作品，但《酒神》中传递出的简洁与逼真仍令人心生震撼。酒神是狂喜与无所拘束的象征，他以毫不在乎的神态举起一个大酒杯。他身体的重心在左肢，两条腿构成一种不稳定的平衡，酒神似乎已经微醺，微微靠在活灵活现的小萨提尔（半人半羊的森林之神）身上。

圆润、柔和、和谐的雕刻造型，直接与古典雕塑相呼应。米开朗琪罗深受古典作品的熏陶，在此雕塑中也明显借鉴古典范式。此外，这也是委托者枢机主教拉斐尔·利亚利奥的品位所致，利亚利奥本人是古典作品的专业收藏家。数月前，枢机主教偶然发现米开朗琪罗的另一件作品（现已佚失）：一尊丘比特爱神雕塑。一名罗马古董商谎称此作品为古董，将其以天价贩卖给枢机主教。主教随后发现受骗，但也意识到创作此作品的艺术家卓然超群，即使尚不能超越古典艺术家，但至少已可与之比肩。由此主教结识了米开朗琪罗，并要求他创作了此雕塑。《酒神》是米开朗琪罗的卓越之作，大主教却不甚满意，在完成交付后立刻将其卖出。

杰作解析

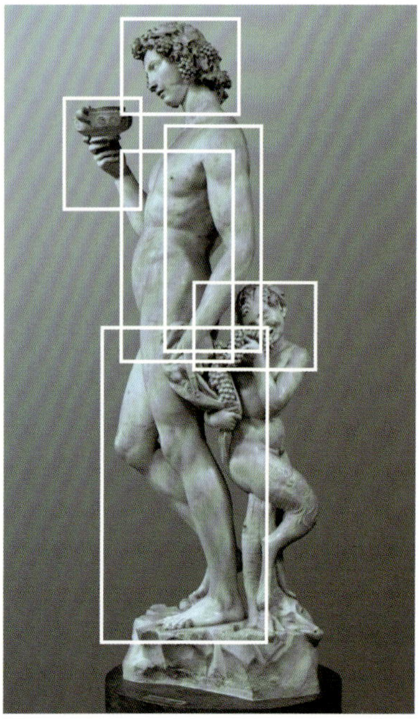

米开朗琪罗在《酒神》中勇敢挑战权威，将现代艺术的冷静感与古典雕塑巧妙地结合起来。

葡萄酒与圆形面庞均呈现出和谐之感。酒神嘴唇微翕，眼神涣散，强调他正沉湎于人间享乐。

葡萄酒杯、葡萄叶、葡萄与萨提尔均为酒神的典型象征。

双腿与上半身的肌肉极其逼真生动，他一侧紧绷，另一侧则更为放松。肩部、肘部与膝盖的关节完美地被刻画出来，肋骨显然更为倾斜。这都反映出米开朗琪罗对医院尸体进行过漫长而单调的研究后，对人体解剖学已极为熟稔。

他的左腿用力紧绷，正在尽力支撑，右腿则稍稍弯曲抬起。

与之相对应的：左臂弯曲，右臂则举起酒杯，此姿势令人联想到古希腊雕塑的对立感或交叉感。

小萨提尔面庞圆润，鬈发浓密，耳部略尖，正坐在树干上调皮地笑着。他正准备咬住一串葡萄，其姿态表明他可随时支撑起酒神。他的经典穿着——豹皮则已滑落到羊蹄上。

米开朗琪罗

《圣母、圣婴与施洗者圣约翰》（亦称《皮蒂圣母》）
1504—1505
大理石雕塑　91×80cm

米开朗琪罗创作享誉世界的《大卫》的同时期，佛罗伦萨富翁巴尔托洛梅奥·皮蒂委托他创作了一件私人作品，即后人所称的皮蒂圣母。这件大理石雕塑是米开朗琪罗最私密的作品之一，不仅反映出艺术家对古典艺术的热爱，也体现了文艺复兴时期伟大雕塑家所采用的全新技法。圣母被雕刻得恢宏大气，几乎占据了整个圆盘的空间——事实上，看上去圣母仿佛是被硬生生地挤进了圆盘的空间之中，实际上圣母美丽优雅的头部是从大理石中突出来的，在面部旁边制造出大面积的阴影区域。她将圣婴紧紧抱在怀中，目光离开膝上打开的书本，极有可能是因天使宣布了耶稣未来的悲惨命运。艺术家借鉴了古典作品中婴儿的处理方式，圣婴的身体和肌肉分明。圣母左侧身后出现了圣约翰的身影，米开朗琪罗采用“浅浮雕”技法，呈现了完美的透视关系：这种极浅的浮雕技法由多纳泰罗在15世纪发明，可为雕塑打造出更强烈的三维立体感。

雕塑表面未经打磨，凹凸不平，有一种未完成之感，但米开朗琪罗确实完成了这件作品。实际上，此类雕刻大理石的方式，即刻意将某些部分粗糙处理，甚至使其开裂出现凹槽的方法，其实可制造出更佳的明暗效果，增强了动态感，让人物形象更加丰富。

米开朗琪罗

《布鲁托》

1540

大理石雕塑　高 96 cm

人物的眼神傲慢犀利，头发浓密粗糙，脖颈结实有力，呈紧绷态，上半身穿着以搭扣固定的斗篷，与经典的古罗马皇帝雕像一致。米开朗琪罗受共和国官员多纳托·詹诺蒂的委托，为枢机主教尼可罗·里多尔菲创作了此尊雕塑（多纳托的侧面轮廓也出现在右肩搭扣上）。此雕塑被命名为《布鲁托》，即那个背叛并最终杀死恺撒的人。米开朗琪罗的这件作品具有强烈的政治内涵，因它创作于独裁大公亚历桑德罗·德·美第奇被杀害的次日。1537 年，他被堂兄弟洛伦扎乔刺杀。亚历桑德罗统治佛罗伦萨期间，佛罗伦萨人（包括米开朗琪罗本人在内）均将其视为独裁暴君。他的遇刺被佛罗伦萨人视为值得纪念之事。

雕塑作品被美第奇家族收藏，但大公弗朗切斯科一世担心此雕塑或许会被视为对独裁统治的颂扬，故命人在底座镶嵌了一块铜牌，并在上面用拉丁文镌刻了我们今天仍能看到的文字：“当雕塑家创作‘布鲁托’这座大理石雕像时，他忆起了布鲁托的罪行，便终止了创作。”这似乎是说明作品尚未完成，但其实这种“未完成”是普遍存在于米开朗琪罗大部分作品中的特色。

本韦努托·切利尼

《珀耳修斯》
约 1545
青铜雕塑　高 85cm

这位站立着的英雄年轻而坚毅，脚下的美杜莎尸身苍白。珀耳修斯是古希腊罗马神话故事中最知名的形象之一：他从赫尔墨斯和雅典娜那里获赠了带翼靴子、隐身头盔和一个装怪兽头颅的皮袋，之后他飞向伊斯佩里迪花园，进入格尔格尼岩洞中，斩首美杜莎，消灭了这个目光可将一切生物化为石头的怪物。巴尔杰洛博物馆展出的作品是现藏于佛罗伦萨领主广场上兰齐敞廊中大型原件的青铜概念模型。本韦努托·切利尼为大公科西莫一世创作的大型雕塑历时九年之久，最终于 1554 年完成。尽管这尊概念雕塑规格较小（85 厘米），但仍体现出生动逼真的细节，珀耳修斯的身体孔武有力，精力充沛。人物的双腿、胸脯及胳膊的圆润感令人折服，那柄象征胜利的宝剑细节考究，美杜莎那缠满毒蛇的头颅阴森骇人。珀耳修斯一手举起那可怖的战利品，同时低下面庞，似乎是要最后看一眼那变形的尸身，仿佛美杜莎正要从底座悄无声息地溜走。

本韦努托·切利尼

《科西莫一世像》
1545—1546
青铜雕塑　117cm

美第奇大公科西莫一世是佛罗伦萨与托斯卡纳地区无可争议的统治者，他被塑造成古罗马帝王的形象。为装饰科西莫一世在波尔多菲拉伊奥的古堡大门，本韦努托·切利尼设计出了这尊青铜上半身雕塑（部分镶金）。1781年后，雕塑被转移至乌菲齐画廊，最后来到了巴尔杰洛博物馆。

科西莫一世的面庞俊美优雅，精心打理的头发，胡须鬈曲。他微微转向右侧，眼睛栩栩如生，正视前方。他双唇紧闭，下颚坚硬，目光深远，前额略微收紧，使得雕像具有一种无所畏惧而坚毅的神态。

肩部环绕的斗篷在胸前系上，使身上的盔甲也具有褶皱。右肩敞开，露出一头咆哮的雄狮，象征着大公的力量。切利尼展示出了他作为金匠的最高超技艺，肌肉线条令人称奇，雕像身体的细节考究精良。两具带胡须的小面具遮住了胸部上方盔甲的带扣，中心处那带翼的大面具下方以雄鹰和雄狮头部包裹，垂下骑士勋章带，这是大公权力和地位的象征。尽管原始的镶金早已不复存在，但这尊雕塑仍保留了那无与伦比的尊贵雍容之感。

本韦努托·切利尼

《纳西索斯像》

1548—1565

大理石雕塑　高 149cm

这尊美少年雕塑略带忧郁之色，身体柔软，神态漫不经心。纳西索斯是神话故事中的著名形象，他爱上了水中自己的倒影，并因此而亡——纳西索斯低头亲吻自己的倒影，不慎跌入河中淹死。雕塑脚部的碗暗示着水的存在。切利尼以独特的方式处理人物，纳西索斯的左臂放于头上，刚好遮住发卷。他坐在矮墙上，双腿略微分叉，几乎要滑倒。纳西索斯的身体单薄柔弱，似乎没有任何男性气质，反而强调了女性独有的细腻优雅。纳西索斯的裸身几乎是一名青少年，这似乎揭示出纳西索斯这一神话本身所代表的暧昧和神秘。

切利尼雕刻此形象纯为消遣，他选用了一块状态极差的大理石。胸脯上部的裂缝清晰可见，切利尼只得以另一块大理石完整嵌入。据艺术家在其自传中的记载，雕塑在 1557 年阿诺河洪灾时曾被浸湿，导致纳西索斯雕像的表面出现多处孔洞，磨损较为严重。作品曾在美第奇庄园的花园中展出，但当时天气恶劣。而此前大理石早就被损坏，这也加速了作品状态的恶化。

詹博洛尼亚

《火鸡》
1567
青铜雕塑　59×47cm

这尊青铜雕塑是由詹博洛尼亚和巴尔托洛梅奥·阿曼纳蒂及其弟子们创作的飞禽主题系列作品之一，艺术家们受大公科西莫一世的委托负责装饰美第奇在佛罗伦萨的卡斯特罗庄园，装饰的人工岩洞现仍存于庄园的花园之中。青铜鸟类雕塑位于墙壁之上，旁侧有多种其他的大理石动物，被喷泉与小瀑布环绕。这片区域灵动有趣，完全被贝壳、海绵、野生植物覆盖，营造出一种壮观的生机之感。

詹博洛尼亚创作的火鸡雕塑是全新的开创之作。这种动物来自遥远的美洲，在欧洲尚无人知晓。詹博洛尼亚创作出了一件可用于科学观测的作品，他致力于细节的打磨。此尊雕塑最值得称颂的是羽毛的描绘，火鸡胸前的羽毛浓密凌乱，翅膀与尾部的羽毛纤长。火鸡喙部弯曲，下垂的红肉位于脖颈凹凸不平的皮肤之上。火鸡身躯庞大，完全被羽毛覆盖，一对细腿被长翼所遮挡，坚硬的爪子紧紧地抓住地面。

詹博洛尼亚

《建筑学》
约 1570
大理石雕塑　高 152 cm

此尊雕塑在巴尔杰洛博物馆的阳台中展出，阳台朝向庭院，优雅典致。此前曾将此雕塑在外部展出。无从知晓此雕塑的作者身份，学者们认为作者应为佛兰芒雕塑家詹博洛尼亚，此尊雕塑是他受美第奇委托创作的另一件作品。

雕塑以整块大理石雕刻，隐喻“建筑学”。美丽的裸体贵妇坐在一个覆盖着锦缎织布的支撑物上方，手中拿着圆规和直尺，象征着建筑。她的另一只手放于腿后，手执画板。她那年轻的面庞娇艳鲜嫩，纯洁干净，四肢匀称修长，优雅美丽，臀部柔软，胸部坚挺。她的胸前垂着项链，手戴镯子，梳着古典式发髻，头顶冠冕，此为她最主要的装饰品。詹博洛尼亚着重强调作品的肉体之美，细节逼真生动，体现出他对现实的关注，也反映了他的敏锐、睿智与卓越的才能。作品并不存在某种特定的欣赏视角，观者应在雕塑身边环绕，感受这种形象的和谐与平衡感。

詹博洛尼亚

《墨丘利神》
1580
青铜雕塑　高 187 cm

墨丘利神是众神的信使，也是雄辩与商贸之神，詹博洛尼亚将他描绘成一个充满活力的年轻人，正向上方飞升。墨丘利用神脚踩风神，足部有飞翔之翼。底部的风神头部匀称和谐，两腮鼓起，正在吐息。墨丘利神的身体匀称完美，比例和谐，他的动作有力且优雅，四肢灵活地舞动着，仿佛正在跳舞。他的右臂抬向天空，食指指向诸神所在地，左手中则握着墨丘利神的象征，即被蛇缠绕的墨丘利之杖。

佛兰芒雕塑家让·德·布洛涅一生中的大部分时光都在意大利度过，因此他的名字也被意大利化，改为詹博洛尼亚。他借鉴了古典形式，但敢于实践一种新的平衡方式。青铜雕塑失去了固有的沉重感，墨丘利神身姿轻盈，凝结了才智与优雅，被后人争相模仿。这尊雕塑的质量超越了古典艺术，随后成为矫饰主义文化的象征。作品令人难以置信的优雅轻盈使之尤其适宜被放置在水旁。1780 年以前，此雕塑一直作为罗马美第奇家族庄园入口楼梯上方喷泉的装饰。

詹·洛伦佐·贝尼尼

《科斯坦扎·博纳雷利上半身雕塑》
1636—1638
大理石雕塑　高 62 cm

这尊科斯坦扎·博纳雷利的上半身雕塑显然是詹·洛伦佐·贝尼尼最具革新性的作品之一。雕塑家此前早已凭借卓绝超群的巴洛克作品轰动艺术界，但这幅作品最终令正统的保守派人士大为哗然，因为雕塑影射了一桩爱情丑闻。贝尼尼满怀激情地刻画的女子是一位合作者的妻子。贝尼尼与其有染，但他并非女子的唯一情人，女子与贝尼尼的弟弟也有私情。据说贝尼尼在得知此事后，大发雷霆，曾派仆人扇了情人耳光，甚至企图追杀自己的弟弟。待风平浪静之后，贝尼尼终于结婚，并曝光了此前一直藏于书房中的情人雕塑，将其售卖给枢机主教卡洛·德·美第奇。

科斯坦扎的雕塑极其生动自然，头发飘逸凌乱，增加了动态美。她充满激情，略掉转头，嘴唇微翕，似乎在与人交谈。科斯坦扎披头散发，眉毛紧皱，神态复杂。她的线条与皮肤具有柔软质感，身着一件轻薄的寝衣，衣冠不整，胸前敞开的衣襟袒露出肩部与脖子。贝尼尼捕捉到的形象让雕塑获得了不朽的生命。女子呈现出亲密之感，或许正暗示着她与贝尼尼的关系。

科西莫·切尼

圣保罗礼炮
1638
青铜制品　长 440 cm

大型重炮是战争军械，但这尊大炮却以宗教主题装饰，前部为圣保罗的头部。这看起来是一种显而易见的矛盾，却使作品具有一种惊人之美。据大炮边缘雕刻的铭文记载，1638 年，青铜艺术家科西莫·切尼接受大公费迪南多二世·美第奇的委托，为保卫利沃诺古堡制作了防卫大炮。但此炮实则用于阅兵庆典，并非战斗武器。

长达四米的圆柱体上以美第奇家族的六球形徽章装饰，一侧为象征正义与力量的隐喻图像。两只圆滚滚的狮子坐在炮膛上方，这也是佛罗伦萨的古典象征，强调城市的军事力量。炮膛尾部区域以美杜莎装饰，周围为战利品、彩旗以及古典艺术中的装饰图案，细节传神真切，独特非凡。圣保罗的头部逼真生动，圣人从炮膛中探出身来,仿佛肩扛武器。他的眼睛硕大无比，神态栩栩如生，胡须浓密，尽管前额已秃，但脑后头发较长。前额与眼周布满皱纹，尖鼻子朝向观者。

传　记

艺术家生平

乔万尼·托斯卡尼

（佛罗伦萨，约1370年—约1430年）

乔万尼·托斯卡尼唯一存有文字记载的作品是佛罗伦萨圣三一教堂的阿尔丁格利礼拜堂中的壁画（1423—1424）。随后也有学者认为，此前被称为“《耶稣被钉上十字架》的大师戈里格”所创作的《耶稣被钉上十字架》（现存于纽约大都会博物馆）也应是托斯卡尼的作品。他的风格兼具哥特晚期的优雅典致和马萨乔的革新前卫。

尤其他那以非宗教主题装饰的系列锦箱具有深远的意义，包括一件绘制宫廷生活场景图的锦箱（现存于华盛顿）、描绘圣约翰游行庆典的历史主题锦箱，现藏于佛罗伦萨巴尔杰洛博物馆，创作时间为1428年至1429年。

菲利普·布鲁内莱斯基

（佛罗伦萨，1377年—1446年）

菲利普·布鲁内莱斯基起初为金匠与雕塑师，曾设计了皮斯托亚的圣雅各布教堂中的银质祭坛（1400）。1401年，他参加了佛罗伦萨为洗礼堂第二道青铜大门的装饰方砖举办的竞赛，创作了青铜雕塑《以撒的牺牲》，但遗憾的是，此竞赛获胜者为洛伦佐·吉贝尔蒂。

有学者猜测，他应于1404年在多纳泰罗的陪同下第一次来到罗马。布鲁内莱斯基后续曾多次前往罗马，尽管尚未有史料记载，但1406年至1416年之间，他或许曾在罗马学习，应主要学习陶土创作。据他的传记作家安东尼·马内蒂所言，正是在此期间，他在两幅画板上“发明”并实践了一种全新的透视方法。布鲁内莱斯基也是杰出的建筑师，早在1418年以前，他或许便已担任了圣母百花大教堂建筑工程的重要顾问。1418年，布鲁内莱斯基赢得了大穹顶的建筑委托，为此付出了毕生的心血，但在有生之年却未能看到它的完成，大穹顶内部灯笼式天窗在1461年才最终落成。

布鲁内莱斯基在佛罗伦萨设计并完成了大量建筑，很快成为整个托斯卡纳地区后代建筑师争相效仿的典范。此外，布鲁内莱斯基还负责了佛罗伦萨育婴堂的建筑外观及内部结构设计，美第奇家族的圣洛伦教堂及老圣器室，圣十字架修道院中的帕奇礼拜堂等工程。他的部分作品，如圣灵教堂或天使圣母教堂中的祈祷室，均在他去世后才得以完成。遗憾的是，圣洛伦教堂的外观至今仍未被装饰。布鲁内莱斯基在建筑与雕塑领域均有建树，他曾设计新圣母大教堂中的木质十字架，也曾负责佛罗伦萨领主城堡的建筑工程及防御工事，并为一些皇室及贵族提供咨询服务，其中包括统治沃尔特拉、曼托瓦的贡萨加家族和埃斯特家族的尼古罗三世的费拉拉宫廷等。菲利普·布鲁内莱斯基是极具创新精神的文艺复兴建筑师，他开创性地在绘画及雕塑创作中提出并实践以数学原理为基础的具体透视规则。

洛伦佐·吉贝尔蒂

（佛罗伦萨，1378年—1455年）

吉贝尔蒂曾是一名金匠学徒，据他本人回忆，他在1400年离开佛罗伦萨，随后曾在佩萨罗当过画家。1401年，吉贝尔蒂回到故乡，参加了佛罗伦萨洗礼堂北门的设计竞赛，创作了以以撒的牺牲为主题的装饰雕塑（佛罗伦萨巴尔杰洛博物馆）。吉贝尔蒂赢得了竞赛，接受了装饰洗礼堂北门的委托，这件作品直到1424年才完成。洗礼堂北门包括20块刻有《新约》故事的镶板和8块刻有福音书故事及教皇事迹的镶板。这一时期，吉贝尔蒂还为佛罗伦萨最重要的工场之一工作：他曾为圣弥额尔教堂外的壁龛雕刻了铜像《施洗者圣约翰》（1414）、《圣马太》（1420）和《圣斯蒂芬》（1427—1428）。1424年，他去了威尼斯。大约在1430年，他又去了罗马。吉贝尔蒂为锡耶纳的洗礼堂雕刻了浮雕《耶稣洗礼》和《希律王面前的施洗者》，这一系列浮雕完工于1427年。自1425年起，吉贝尔蒂还接受了装饰佛罗伦萨洗礼堂第三扇门的委托，这扇门后来被称为"天堂之门"，直到1452年才完工，门上雕刻的《旧约》故事分散在十块镶板上。在那几年，他还为佛罗伦萨主教堂的慈善会服务，并完成了三位殉道者的石棺（1428，佛罗伦萨巴尔杰洛博物馆）和圣赞诺比的石棺（1442）。在生命的最后几年中，吉贝尔蒂写下三卷本的《回忆录》，这部日记体的作品中包含了吉贝尔蒂的历史论述、生平回忆和关于艺术的理论思考。

多纳托·迪·尼科洛·迪·贝托·巴尔迪，亦称为多纳泰罗

（佛罗伦萨，1386年—1466年）

1404年至1407年，多纳泰罗作为洛伦佐·吉贝尔蒂的助手参与了佛罗伦萨洗礼堂北门的装饰创作。但从1408年起，他开始独立为大教堂财产管理委员会工作，创作了现收藏于佛罗伦萨巴尔杰洛博物馆的大理石雕塑《大卫》，以及现收藏于圣母百花大教堂博物馆的《施洗者圣约翰正面像》。1411年，他开始为佛罗伦萨圣弥额尔教堂工作，创作了雕塑《圣马可像》《圣乔治像》（约为1417）及《圣卢多维科像》（约1420，现收藏于佛罗伦萨圣十字博物馆）。在这些年里，他还为乔托钟楼创作了五座雕像（1415—1436），分别是《无胡须的先知》《有胡须的先知》《以撒的牺牲》《哈巴古》及《耶利米》。1425年至1433年，多纳泰罗与米凯洛佐共同创作了一系列的作品，其中包括位于佛罗伦萨洗礼堂的伪教皇约翰二十三世的陵墓，位于那不勒斯尼罗河天神堂内的布兰卡契红衣主教的陵墓以及普拉托大教堂外侧布道坛（1428—1438）。大约在1425年，他创作完成了锡耶纳洗礼堂圣洗池上的浮雕《希律王的宴会》及两座隐喻"信仰"及"希望"的雕塑。1430年至1432年间，在罗马为圣彼得大教堂中创作了圣体龛。回到佛罗伦萨以后，多纳泰罗开始了一段高产的创作期：在为圣母百花大教堂负责唱诗台装饰（1433—1439）期间，他为圣十字大教堂卡瓦尔坎蒂祭坛创作了浮雕《圣母领报》（约为1435）。随后，多纳泰罗为圣洛伦佐教堂的旧圣器室内部做了装饰（约1437—1443），为威尼斯圣方济会荣耀圣母教堂创作了施洗者圣约翰木质雕像（1438），并于1440年前后创作了现收藏于巴尔杰洛博物馆的青铜雕塑《大卫》。1443年，多纳泰罗前往帕多瓦，在那里生活了近十年，受托创作了加塔梅拉塔的骑马像，又为圣人洗礼堂的主祭坛（位于圣安东尼奥大教堂内）创作了青铜雕塑《圣母子与六圣人》（方济各、安东尼奥、朱斯蒂娜、丹尼尔、卢多维科和普罗斯多奇莫）以及讲述圣安东尼奥的神迹的四块浮雕。现如今很难说清楚这个祭坛的构成，因为我们所见的并非原版，而是现代重修的。1454年底，多纳泰罗再次返回佛罗伦萨，为美第奇宫创作了一组青铜雕塑《朱迪斯与霍洛芬尼斯》（1455—1460），后安置于领主广场，如今陈列于韦奇奥宫，为洗礼堂创

作了木雕《抹大拉的玛利亚》（1453—1455，圣母百花大教堂博物馆），为锡耶纳大教堂创作了雕塑《施洗者圣约翰》（1455），他最后接受的委托是为圣洛伦佐教堂的布道坛制作两个青铜雕塑，但也许这组作品最终是由他的助手们在他去世后完成的。

卢卡·德拉·罗比亚

（佛罗伦萨，约 1400 年—1482 年）

我们无法得知卢卡·德拉·罗比亚的受训经历，他或许师从南尼·迪·班科或吉贝尔蒂。卢卡·德拉·罗比亚最早的知名作品为佛罗伦萨大教堂中那被称为《唱诗班》的大理石雕塑，创作于 1431 年至 1438 年之间（现藏于佛罗伦萨圣母百花大教堂博物馆）。

这是极其重要的委托工程，表明艺术家在此时期已蜚声扬名。1437 年，他为大教堂钟楼创作了五座以自由艺术为主题的浮雕。1441 年至 1443 年间，卢卡·德拉·罗比亚为新圣母大教堂的圣卢卡礼拜堂创作了圣体盒（现藏于佩雷托拉牧师会教堂），他在此件作品中首次实践了上釉陶土嵌条技法，由此开启了独特的陶土工艺制作技法，这也成为罗比家族世代相传的重要创作方式。卢卡·德拉·罗比亚为佛罗伦萨大教堂的圣殿大门创作了上釉陶土作品，在弧面窗上完成了《耶稣复活》（1444），随后与米凯洛佐及玛索·迪·巴尔托洛梅奥合作完成了大门的十座青铜浮雕。1451 年，卢卡·德拉·罗比亚在圣殿的弧面窗上创作了《耶稣升天》。自 1445 年起，他开始为皮斯托亚的圣约翰教堂创作《拜访》系列组图。15 世纪中叶，卢卡·德拉·罗比亚接受皮埃罗·美第奇的委托，负责圣米尼亚托大教堂的十字架礼拜堂的穹顶及美第奇宫私人书房的外部装饰画，现存 12 幅以月份划分的“劳动场景”上釉画（现藏于伦敦维多利亚和阿尔伯特博物馆）。1454 年至 1456 年间，卢卡·德拉·罗比亚完成了自己的最后一座雕塑，即圣潘克拉齐奥的费德里吉陵墓（现藏于佛罗伦萨的圣三一教堂）。1461 年，卢卡·德拉·罗比亚参与葡萄牙枢机主教礼拜堂的装饰工程，为圣米尼亚托大教堂穹顶创作了多幅上釉陶土画。1460 年中期，卢卡·德拉·罗比亚完成了因普内塔圣母大教堂中的部分作品。此外，他还与米凯洛佐在教区周围设计了两个小圣殿，分别为圣母礼拜堂及十字架礼拜堂。卢卡·德拉·罗比亚的上釉陶土作品优美绝伦，常常出现圣母与圣婴主题，其中包括现藏于佛罗伦萨巴尔杰洛博物馆中的《苹果圣母》《玫瑰花圣母》及《阿诺罗道路上的圣母》。此外，卢卡·德拉·罗比亚在佛罗伦萨的圣弥额尔教堂外部装饰的医学与药学徽章也极具欣赏价值。

米诺·达·菲耶索莱

（波皮，1429 年—佛罗伦萨，1484 年）

米诺·达·菲耶索莱的早期以肖像画著称，他为皮埃罗·迪·科西莫·德·美第奇创作的大理石上半身雕像是不朽名作（完成于 1453 年），这是典型的文艺复兴时期雕塑的早期作品之一。米诺·达·菲耶索莱的罗马之行具有重要意义，他深入研究古典肖像技法，完成了多件雕塑作品。菲耶索莱曾为罗马众多教堂创作过棺椁雕塑（其中包括圣彼得教堂、使徒教堂、人民圣母教堂、大圣母教堂等）。米诺·达·菲耶索莱曾在那不勒斯停留，随后回归佛罗伦萨，创作了多尊重要的陵墓雕塑，其中包括菲耶索莱大教堂的萨卢塔蒂雕塑、佛罗伦萨修道院中的朱尼雕塑和乌戈·迪·托斯卡纳公爵陵墓（1481）等。

安德烈·迪·弗朗切斯科·迪·詹内，亦称韦罗基奥

（佛罗伦萨，1435年—威尼斯，1488年）

韦罗基奥最初是金匠，之后成为画家及雕塑家。他受美第奇家族庇护，与另一位佛罗伦萨15世纪后半叶艺术界的重要代表人物波拉伊奥罗共同经营着一家重要画室，达·芬奇正受训于此。1460年代中期，韦罗基奥完成了圣洛伦佐教堂旧圣器保存室中的大理石洗手池的设计，作品优美雅致。1465年至1467年间，韦罗基奥在同一座教堂的祭坛下方地下室中，为科西莫·德·美第奇创作了大理石墓葬雕塑。1472年，韦罗基奥为皮埃罗及乔万尼·德·美第奇创作青铜雕塑（藏于圣器保存室）。1466年，韦罗基奥接受委托，为圣弥额尔教堂小壁龛创作圣托马索故事系列青铜雕塑，到1483年才最终完成。1474年左右，韦罗基奥开始为皮斯托亚大教堂创作福尔特圭利纪念碑，但并未完成。1470年代早期，韦罗基奥在罗马旅行后，开始创作青铜像《大卫》。

1480年左右，韦罗基奥完成了《花束女子雕像》，为罗马密涅瓦圣母教堂中的弗朗切丝卡·托尔纳博尼的陵墓创作了带花束的半身雕像和浮雕，三件作品现今均藏于佛罗伦萨巴尔杰洛博物馆中。1479年，他开始为威尼斯政府设计圣约翰与圣保罗广场中的巴尔托洛梅奥·克雷奥尼的骑马雕塑。韦罗基奥的绘画作品则略显逊色，但他为圣萨尔维教堂创作的《耶稣洗礼》值得重视（1470—1475，现藏于佛罗伦萨乌菲齐画廊），年轻的达·芬奇也参与了此画的创作。其他与韦罗基奥风格接近的画作常被认定为由他的学生所作，包括吉兰达约、洛伦佐·迪·科雷迪等。

贝尔托尔多·迪·乔万尼

（佛罗伦萨，约1420年—波焦阿卡伊阿诺，1491年）

贝尔托尔多·迪·乔万尼是雕塑家及纪念章制作者，是多纳泰罗的学生，也是米开朗琪罗的老师。乔万尼与多纳泰罗有过多年合作，随后开始专门为“豪华者洛伦佐”的宫廷制作小青铜雕塑器，他为大公创作了多尊雕像，本人还多次随同大公去乡下及温泉度假。

但贝尔托尔多·迪·乔万尼最重要的身份是纪念章制作者，他设计的纪念章是文艺复兴的优美典范。他的主要作品包括洛伦佐及朱利安诺（在帕奇集会中被刺杀）的纪念章、穆罕默德二世纪念章（临摹真蒂莱·贝利尼肖像）。此外，贝尔托尔多·迪·乔万尼还是建筑专家。1488年，他接受了委托，负责修复及保存美第奇大公在圣马可花园中的建筑，这是佛罗伦萨年轻艺术家学习和切磋的重要集会地。贝尔托尔多·迪·乔万尼最重要的作品是一座描绘了罗马士兵与野蛮人之间战斗的青铜浮雕（1480，现藏于巴尔杰洛博物馆），灵感取自古典时期石棺浮雕，米开朗琪罗曾效仿该作品，创作出《人首马身怪兽之战》（1491）。

圣卡特琳娜画作大师

（约1470年—1500年活跃于布鲁塞尔）

此佛兰芒派匿名画家的名字取自一幅讲述圣卡特琳娜故事的画作（现藏于比利时皇家美术博物馆），此画极有可能拆解自一幅祭坛画。艺术家

未存有任何史料，仅留下了零星作品，其中包括《敬拜》及《圣母领报》（现藏于巴尔杰洛博物馆）、《耶稣被放下十字架》三联画（现藏于科隆瓦尔拉夫·理查兹博物馆）及两幅精美画作《耶稣被钉上十字架》与《圣母的婚姻》（均藏于马德里普拉多博物馆）。某些学者猜测，这名神秘艺术家应为著名画家罗吉尔之子彼特·凡·德尔·韦登，因他与父亲一样，画风较为传统，画作中出现了他父亲的典型特征。

本韦努托·切利尼

（佛罗伦萨，1500 年—1571 年）

切利尼是雕塑家及金匠，也是作家和艺术理论家。切利尼在自传中详述了自己经历过的旅行、冒险、纷争与决斗，也不乏对自己作品的解读和阐释。切利尼年少即以金器之作成名，1519 年来到罗马，随后以出众的才华赢得教皇克雷芒七世的赏识。1521 年，切利尼回到佛罗伦萨，但因一场争斗而被判处死刑，只得再次逃亡至罗马。1527 年，罗马遭遇洗劫之难，但切利尼并未背弃逃跑，而是勇敢地参与保卫圣天使堡之战。次年，他前往曼托瓦，进入贡萨加宫廷。1529 年，切利尼回到佛罗伦萨。1540 年至 1545 年间，切利尼来到法国国王弗朗索瓦一世的宫廷中，为法国枫丹白露宫制作了多件金器饰品，其中最著名的作品为一件金质盐盒（现藏于维也纳艺术史博物馆）。此后，切利尼开始了雕塑创作，他尝试出用青铜浇铸的创作方式，创作雕塑《仙女》（现藏于巴黎卢浮宫）。之后，切利尼回归了佛罗伦萨，直至逝世。

1545 年，他为科西莫一世美第奇大公的兰齐敞廊创作青铜雕塑系列作品《珀耳修斯》。1545 年至 1546 年，切利尼完成了科西莫一世的上半身青铜雕像（现藏于佛罗伦萨巴尔杰洛博物馆），此雕塑展露出切利尼作为肖像画大师的精湛技艺。此外，切利尼为科西莫一世雕刻了大理石十字架，此作品随后由弗朗切斯科一世赠予西班牙国王菲利普二世，现藏于马德里的埃斯科里亚尔修道院。15 世纪 70 年代，切利尼完成了两部著作，即《论金匠艺术》与《论雕塑》。

让·德·布洛涅，亦称詹博洛尼亚

（杜埃，1529 年—佛罗伦萨，1608 年）

佛兰芒雕塑家让·德·布洛涅主要活跃在意大利，他的名字也被意大利化为詹博洛尼亚。他在家乡受训，于 1550 年左右来到罗马，学习米开朗琪罗的古典雕塑，后来从罗马转至佛罗伦萨居住。1553 年，詹博洛尼亚被引荐至弗朗切斯科一世·美第奇的宫廷中。1562 年左右，他完成了第一件大型作品，即《参孙和两个非利士人》（现藏于伦敦维多利亚和阿尔伯特博物馆），由此成为美第奇家族最被赏识的雕塑家。詹博洛尼亚曾为私人住宅创作了多件作品（如海洋喷泉，1575；为波波利花园创作的《格罗提切拉的维纳斯》），也曾参与装饰公共建筑（如《劫夺萨宾妇女》，1574—1580；为兰齐敞廊创作的《赫拉克勒斯和尼索斯》）。詹博洛尼亚曾为佛罗伦萨大公庆典创作了多尊骑马雕塑及浮雕，在卢卡、热那亚、博洛尼亚等地均创作了许多重要的雕塑作品（海神喷泉，1563—1566）。詹博洛尼亚享誉世界，是连接欧洲雕塑文艺复兴时期与巴洛克时期的代表人物，在意大利、德国及佛兰德斯等地均拥有大量的追随者。

米开朗琪罗·博纳洛蒂

（卡布雷泽，阿雷佐，1475年—罗马，1564年）

米开朗琪罗祖籍佛罗伦萨，早年曾致力于人文主义研究，但很快便展露出自己对艺术的强烈向往。他在多米尼哥·基兰达约的画室中接受了艺术熏陶，服务于洛伦佐·美第奇的宫廷。米开朗琪罗曾深入研习古典雕塑，临摹乔托及马萨乔的作品，早期雕塑如《阶梯圣母》《半兽人之战》（藏于佛罗伦萨博纳洛蒂故居）等，反映了米开朗琪罗年轻时期的艺术取向。

1494年，他离开佛罗伦萨，曾先后旅居于博洛尼亚及罗马（1496年后）。16世纪初期，米开朗琪罗在罗马声名鹊起，被尊崇为时代最重要的艺术家之一，而此时他尚未满三十岁。在罗马旅居期间，他为圣彼得大教堂创作了《圣殇》，还创作了《塔代圣母与圣婴》（藏于伦敦皇家艺术学院）、《圣母与圣婴》（运往布鲁日）及《大卫》（创作于1501年至1504年，藏于佛罗伦萨学院美术馆）等重要作品。1504年，米开朗琪罗为阿涅罗·多尼创作《圣家族》，即著名的《圣家庭与圣约翰》，这是艺术家唯一的木版画作品（藏于佛罗伦萨乌菲齐画廊）。1505年，米开朗琪罗接受委托，为教皇朱利奥二世打造用于葬礼的大型纪念碑，其创作过程旷日持久，曲折艰辛，但最终未完成。米开朗琪罗并未与教皇就此纪念碑达成一致，二人常生龃龉。1506年，他离开罗马，但随即又被教皇召唤至博洛尼亚。米开朗琪罗于此创作了教皇雕塑像，但数年后被毁。

1508年，米开朗琪罗签署合同，负责装饰梵蒂冈西斯廷礼拜堂的穹顶。壁画耗时四年完成，这是一场孤独而顽强的战役。米开朗琪罗匠心独运，依循穹顶的真实形态，打造出宏伟辉煌的建筑，嵌入了先知们的形象，在核心区域绘制了取自《创世记》的九则故事。朱利奥二世去世后，米开朗琪罗于1513年签署第二份合同，负责装饰教皇陵墓，他创作了两尊奴隶雕像（藏于巴黎卢浮宫）及《摩西》，最终的纪念雕塑被置于罗马圣彼得镣铐教堂。

16世纪30年代，米开朗琪罗负责装饰佛罗伦萨圣洛伦佐教堂正面，但并未完成。他参考了菲利普·布鲁内莱斯基的“旧圣器储藏室”，设计了“新圣器储藏室”，还构思了美第奇－劳伦齐阿纳图书馆。1527年，罗马遭受了大洗劫，美第奇家族被驱逐出佛罗伦萨。米开朗琪罗在佛罗伦萨共和国政府内部担任重要职务。1530年，统治家族回归。米开朗琪罗得到了克莱门特七世的宽宥，1534年被召唤至罗马。1536年，米开朗琪罗创作了宏伟壮阔的《末日审判》。他曾负责装饰圣彼得大教堂，在其穹顶上留下了不朽名作。雕塑《隆达尼尼圣殇》反映出米开朗琪罗对人类命运的深刻思考，他摒弃了对形式美的追求，强调了对救赎的焦虑与渴望。艺术大师的绘画实践与他的哲学与诗学思考相呼应，他个性多元，融合了整个文艺复兴时期的各种元素。

詹·洛伦佐·贝尼尼

（那不勒斯，1598年—罗马，1680年）

詹·洛伦佐·贝尼尼出生于那不勒斯，1605年左右，全家迁往罗马。1665年，贝尼尼名声正盛，应法国国王路易十四的邀请前往巴黎，这是他一生中唯一一次离开罗马。贝尼尼曾在父亲皮埃罗的画室中学习，其父是16世纪矫饰主义晚期代表雕塑家，但贝尼尼更倾向于古典大师的雕塑方式，尤其热衷古希腊风格。贝尼尼年少时便崭露头角，于1619年至1625年间受枢机主教希皮奥内·博尔盖塞的委托创作了大理石雕塑《埃涅阿斯和安喀塞斯》《被掳掠的珀耳塞福涅》《大卫》及《阿波罗与达芙妮》。1624年以前，贝尼尼主要为枢机主教工作。教皇乌尔班七世巴贝里尼的继任对贝尼尼的罗马艺术生涯产生了重要影响。1629年，贝尼尼被任命为圣彼得大教堂的建筑师，但实际上他早在1624年便开始了大教堂祭坛华盖的装饰工作。从1630年起，贝尼尼开始致力于圣彼得大教堂的建筑工作，直到去世。贝尼尼创作了乌尔班八世的陵墓雕塑（1639—1647）、君士坦丁骑马雕塑（1654—1668）、圣朗基努斯雕塑（1629—1638）、皇家布景阶梯（1663—1666）、华丽的教宗宝座（1656—1666）、大教堂前部柱廊（1656—1667）等。贝尼尼较为重要的建筑作品应为蒙特奇托里奥宫（1650—1655）及奎里纳莱圣安德烈教堂（1658—1670）。国王路易十四世曾邀请贝尼尼设计卢浮宫的雕塑，但艺术家并未真正创作，因为他的创作风格与法国的古典传统并不相符。贝尼尼还设计了罗马市数目众多的著名喷泉，其中包括四河喷泉（1648—1651，位于纳沃纳广场）、特里同喷泉（位于巴贝里尼广场，1640）。此外，贝尼尼还创作了大量肖像雕塑，其中包括《希皮奥内·博尔盖塞》（1632，现藏于罗马博尔盖塞美术馆）及《科斯坦扎·博纳雷利》（1635，现藏于佛罗伦萨巴尔杰洛博物馆）。贝尼尼杰出的巴洛克风格作品包括《圣特蕾莎的狂喜》（1647—1652，现藏于罗马维多利亚圣母大教堂的科尔纳罗礼拜堂）及《受祝福的卢多维卡·阿尔贝托尼》（1671—1674，现藏于罗马河畔圣方济各教堂）。

图书在版编目（CIP）数据

佛罗伦萨巴尔杰洛博物馆 /（意）伊波利塔·帕西利主编；彭倩译 . — 南京：江苏凤凰文艺出版社，2021.1
（伟大的博物馆）
ISBN 978-7-5594-5304-4

Ⅰ. ①佛… Ⅱ. ①伊… ②彭… Ⅲ. ①博物馆 – 介绍 – 佛罗伦萨 Ⅳ. ① G269.546

中国版本图书馆 CIP 数据核字（2020）第 207025 号

Published by arrangement with SCALA GROUP S.p.A.
Original Title MUSEO DEL BARGELLO, Firenze
Editor: Ippolita Passigli
Testi: Federica Bustreo
The simplified Chinese edition is published in arrangement through Niu Niu Culture.

著作权合同登记号　图字：10—2020—519 号

佛罗伦萨巴尔杰洛博物馆

（意）伊波利塔·帕西利 主编　　彭　倩 译

责任编辑	李龙姣
特约编辑	肖　瑶
装帧设计	鹏飞艺术
出版发行	江苏凤凰文艺出版社
	南京市中央路 165 号，邮编：210009
网　址	http://www.jswenyi.com
印　刷	北京天恒嘉业印刷有限公司
开　本	787 × 1092 毫米 1/16
印　张	8.25
字　数	119 千字
版　次	2021 年 1 月第 1 版
印　次	2021 年 1 月第 1 次印刷
书　号	ISBN 978 - 7 - 5594 - 5304 - 4
定　价	69.80 元

江苏凤凰文艺版图书凡印刷、装订错误，可向出版社调换。联系电话 025-83280257

Photographic credits

All images in this volume are supplied by Scala Archives - www.scalarchives.com © 2019 Scala, Florence except for image at pp. 4-5 © 2019 PeterVrabel/Shutterstock.com

The publisher apologizes for any omissions or oversights and remains available to anyone who may have been accidentally overlooked.